UNE
NOUVELLE VOYANTE

RÉCIT AUTHENTIQUE

DE

MANIFESTATIONS SURNATURELLES

PAR

A. P. et S. B.

NIMES

ADRIEN PELADAN

10, rue de la Vierge, 10

—

1886

Nîmes. — Imp. Lafare frères, pl. de la Couronne.

UNE

NOUVELLE VOYANTE

Les *Annales du Surnaturel* ont publié ce qui suit, le 15 mai 1885 :

Lyon, en récompense de sa foi, a le privilège de recevoir de fréquents messages célestes. Après Annette Coste, dont la soupente miraculeuse de la Croix-Rousse publie l'élection par les grâces signalées qui s'y obtiennent, c'est Marie-Louise X., qui continue la chaîne bénie des manifestations divines. Dans le courant du mois de mars 1884, cette jeune fille, simple, pieuse, mais sans culture, était au service de Mme A., de Lyon. Elle souffrait de la maladie dite du ver solitaire. Dans l'espoir de guérir, elle fit usage de l'eau de Lourdes et implora, pendant neuf jours, Celle qui a nom l'Immaculée-Conception. Au courant de cette neuvaine, elle ne fut pas peu surprise de voir au-dessus du fourneau devant lequel elle stationnait, la fidèle représentation de la grotte de Massabielle. Là, dans la cavité du rocher, d'où la sainte Vierge, avait parlé à Bernadette, se dessinait l'image de Notre-Dame. Cette apparition prit la voix et dit à la naïve enfant. « Si tu veux guérir, récite aujourd'hui le Rosaire en entier. »

A cette invitation, la jeune fille, pleine de joie et d'espérance, égrena dévotement le Rosaire. Le lendemain elle était guérie. Depuis lors, ravie et reconnaissante, elle ne négligea pas un seul jour la récitation du triple chapelet. Cependant, la même apparition se reproduisit plusieurs fois, l'exhortant à rester fidèle à la pratique sainte qu'Elle aimait, au moyen de laquelle bien des grâces sont obtenues ; il lui fut recommandé en outre de la propager.

Mme A., naturellement confidente de ces faits, les communiqua à des personnes autorisées, qui y virent un caractère respectable. Pour mieux répondre à la mission à laquelle elle se trouvait si naturellement associée, elle proposa à une généreuse amie, Mme de P......, qui habite son château dans le Dauphiné, de lui donner un asile ainsi qu'à Marie-Louise. La proposition fut gracieusement accueillie et Lyon fut quitté ; du reste, ce changement de résidence avait été demandé par l'Apparition.

Depuis, les communications surnaturelles ont continué. Les stigmates du divin maître existent aux mains, aux pieds, au côté de la voyante, et rendent du sang le vendredi. Ce jour-là, les deux pieds prennent la position qu'avaient ceux de Notre-Seigneur sur la croix, et aucune force ne peut changer cette attitude pendant l'extase, qui dure ordinairement plusieurs heures, avec des signes de grande souffrance.

Conformément à ce que nous savons d'autres extatiques, Marie-Louise reçoit la communion surnaturelle. Les personnes présentes ne voient pas la main qui apporte l'hostie, mais celle-ci apparaît distinctement sur la langue de la voyante, dès y avoir été déposée.

La sainte Vierge continue donc à se révéler à la jeune fille. Notre-Seigneur a, lui aussi, daigné lui apparaître. Il lui a dit une fois : « Je veux venir en toi comme je venais en Gertrude. » Marie-Louise a des révélations semblables à celles que nous connaissons déjà, et confirmatrices de ces mêmes prédictions et sollicitations divines pour nous livrer à la prière, au culte du Sacré-Cœur. Elle parle des châtiments annoncés comme ses sœurs, et exprime les plaintes de la Mère de Dieu touchant les résistances et les hostilités qui se produisent contre les avertissements suprêmes.

A. P.

LE PÈLERINAGE DE DIÈMOZ

A MADAME DE P......

Quand on veut cueillir une rose, pour ne pas se blesser aux épines, il y a des précautions à prendre. De même lorsqu'on veut se faire l'apôtre de faits surnaturels comme ceux dont nous allons essayer l'esquisse, il y a des écueils à éviter. En tout cas, nous le disons tout de suite, ces lignes sont l'expression d'une âme sincère, n'obéissant pas plus à une aveugle crédulité qu'au courant impie de la libre-pensée. « *Veni et vide* » a dit un jour le Christ à S. Thomas. Nous dirons aussi aux hommes de bonne volonté, à ceux qui n'ont pas peur de croire : Venez et voyez !...

Ceux-là sont nombreux qui veulent absolument nier le surnaturel, sincèrement ou par calcul, sans réfléchir à ce qu'il a fallu de prodiges pour élever l'homme à la foi. Oui, le monde a reçu la foi, touché par des œuvres miraculeuses et si nos adversaires veulent soutenir le contraire, nous leur répondrons qu'il y a alors un miracle plus grand que ceux contestés par eux : c'est le monde converti sans miracles.

Néanmoins il y a des novateurs avec lesquels il faut compter : ce sont ceux qui pensent que parfois les prodiges de notre sainte religion, les faits surnaturels plutôt, remarqués çà et là, peuvent avoir une participation diabolique, et que le démon, doué d'un pouvoir relativement grand sur l'empire des âmes, cherche à séduire l'imagination des mortels par d'ingénieux stratagèmes, donnant le change aux apparitions divines. A la bonne heure, voilà une objection dictée par des esprits prudents et de bonne foi. Elle est embarrassante, car en définitive aucun mortel ne sait où sont plantées précisément, dans le domaine surnaturel, les limites de la puissance du démon. C'est pourquoi l'Église, dans sa profonde sagesse, est si prudente, quand il s'agit de se prononcer sur les germes d'un prodige. La religion, qui est la vraie lumière, ne reconnaît que cette lumière. Le monde est moins sage, il ne sait pas que celui qui juge avec son ignorance qu'il appelle sa raison, s'expose à de graves erreurs, tout en étant de bonne foi. Il ne sait pas que ces erreurs fâcheuses sont aussi préjudiciables à notre sainte religion que les bruyantes et vives clameurs des impies.

Le monde est ainsi composé de gens qui acceptent tout et de gens qui nient tout.

Il n'est permis à personne, a dit Platon, d'avoir des dieux particuliers, ni même d'adorer le vrai Dieu suivant ses caprices, et un philosophe chrétien ajoute: « *Qui credit cito levis est corde.* »

« Celui qui croit trop vite a le cœur léger. »

Ce qui précède fait connaître au lecteur l'impression sous laquelle nous écrivons ces lignes adressées aux hommes à esprit droit ; à ceux même qui bien que légèrement touchés par le souffle de l'indifférence contemporaine, ne s'abandonnent pas plus à une naïve crédulité qu'au courant impie ; à ceux enfin qui n'ont pas peur de croire.

Rosarium... nobilis instar tessera christianæ pietatis.

Le Rosaire est le signe distinctif de la piété chrétienne.

C'est sous l'image du Rosaire que l'apparition de Dièmoz semble avoir eu lieu, au dire de la jeune voyante. Notre-Dame des Crauses, tel sera le nom du pèlerinage de Dièmoz, quand l'Église, dans sa profonde sagesse, aura cru reconnaître un caractère divin aux faits surnaturels dont cet humble village a été le témoin, pendant l'an de grâce 1885.

Quelques mots d'abord, en passant, sur ce bourg appelé peut-être à devenir célèbre ; car les apparitions, malgré la froideur du xixe siècle, apportent avec elles la célébrité et la fortune.

Dièmoz, autrefois Dième, marque la place de la dixième borne milliaire des Romains, le long de l'antique et fameuse route de Vienne aux Alpes, par Bourgoin. Il est situé au pied d'un château moderne, entouré de massifs d'arbres verts du plus bel effet, appartenant à Madame de P......, une nouvelle providence de ce pays. La route de Lyon, comme une ceinture d'hermine contourne à l'occident le village. L'église n'a vraiment aucune prétention architecturale : elle est simple comme les maisons du village, comme la cure. Elle est ancienne, et en 1789, nous la trouvons encore sous le patronage de N.-D de Lettrat. N.-D. de Lettrat fut, à une époque, l'objet d'un pèlerinage renommé: une vieille chapelle existe sur la route de Lyon, dans la plaine, loin du bourg, et chaque année, le 25 mars, elle attire encore un grand nombre de pèlerins.

A la réouverture des églises en France, l'église de Dièmoz, comme plusieurs sanctuaires de la contrée, fut mise sous le vocable de S. Roch. On pense généralement que ce patronage de S. Roch a été dicté par les nombreuses guérisons opérées par ce Saint, le long de sa route, de Montpellier en Italie, contrée ravagée par la peste du xive siècle.

Une inscription, au-dessus de la porte d'entrée de l'église de Dièmoz, apprend, en vieux français, aux générations passant sous cette porte, que l'an 1553, une dame, Louise d'Arses, veuve de feu noble Rodin Doncieu, seigneur de Dième, fit faire une chapelle; et sur la cloche un autre inscription relate que cette cloche fut donnée par la dame bienfaitrice en

1554. Sont également gravés sur le pourtour, *l'Ecce homo*, la Vierge tenant l'Enfant-Jésus et S. Martin coupant un pan de son manteau pour le donner à un pauvre. Une cloche semblable à celle de Dièmoz existe au clocher du village voisin, autrefois appelé *Menu-famille* et aujourd'hui paré du nom plus flatteur de Bonne famille, à la suite d'une ordonnance royale rendue sous la restauration, à la requête d'une honorable famille du lieu.

Depuis les Romains dont il était une station, Dièmoz n'a guère plus fait parler de lui qu'une honnête femme. Toute son histoire du moyen-âge est dans son église, sa cloche et la chapelle de N.-D. de Lettrat.

Nous avons connu ce village, il y a plus d'un quart de siècle ; enfant, nous y venions voir des parents, qui dorment maintenant dans l'asile des morts. Nous avons passé, il y a quelques jours, à côté de cette maison où nous mordions à belles dents ce gâteau si doux de l'enfance qu'on appelle à tort l'âge ingrat : elle a changé de maître. Les enfants, avec lesquels nous faisions l'école buissonnière, sont devenus des hommes. Tout était en fête alors quand nous arrivions sous le toit hospitalier. Tout cela maintenant est contenu dans un coin de terre ; il n'en faut pas davantage pour une famille éteinte. Ah ! que les hommes seraient modestes, s'ils pouvaient voir sans cesse et sans fin d'où ils viennent, où ils vont, et quelles traces légères çà laisse ici-bas, une génération de braves gens !

Mais passons, laissons le temps avec sa poussière ; tant pis ou tant mieux peut être, pour ceux qu'il a emportés.....

Du village, pour aller aux Crauses, le lieu des apparitions, on prend un chemin qui passe près de la cure et près d'un superbe saule pleureur ombra-

geant la cour d'une ferme agricole : le chemin s'en-
fonce dans deux haies d'aubépines, de ronces et de
chèvres-feuilles, jusqu'au pied du versant des Crauses. Il y aurait une gracieuse idylle à faire sur ce
lieu dit des Crauses et l'on ne saurait mieux choisir
pour l'emplacement d'un pèlerinage.

Ce versant, entrecoupé de champs cultivés et de
prairies, est festonné au sud-est par des crêtes de
bois, donnant à ce lieu une physionomie pleine de
poésie. Au pied d'un versant boisé, sur la portion
la plus haute, se trouve un petit réservoir d'eau
claire, et sur ses bords s'élève une croix en pierre
érigée en mémoire des apparitions. En attendant
que cette paisible solitude soit animée par la voix
solennelle des pèlerinages; en attendant que la foule
pieuse vienne lui donner une consécration popu-
laire, après avoir fait une courte prière et bu dans
le creux de la main un peu d'eau de la source, pre-
mier venu des hommes du monde, nous saluons ce
vallon que le soleil couchant dore et nous lui disons:
« Au revoir. »

Nous prenons à travers les prés la direction du
château de Madame de P......, où se place le prin-
cipal intérêt d'un voyage à Dièmoz. Le chemin qui
monte des Crauses à la route de Lyon est très-
curieux. Bordé de vieux chênes rabougris, loin du
bruit des villes, il emprunte, sous le soleil couchant
une physionomie très goutée par l'homme épris des
scènes de la nature, et qu'il a plu à la littérature
d'appeler du nom de poète!...

Le moment le mieux choisi, pour se présenter au
château, est trois heures de l'après-midi, parce que
à cette heure la voyante récite le saint Rosaire.

Le château de Madame de P...... est admirable-
ment situé et jouit d'une vue splendide sur la plaine;
le parc s'incline et descend jusqu'à la route: les

familliers du noble logis, les intimes arrivent au château par un chemin en zig zag, fermé par une porte sur la route en face du village et qui serpente au milieu de pelouses plantées d'arbres fruitiers et d'arbres d'agrément. Pour les voitures et les étrangers, il y a un autre chemin sur la colline, on le prend pour revenir des Crauses. En mettant les pieds pour la première fois dans cette demeure; en pensant que la mère était là, et le fils en Terre-Sainte (1), à Jérusalem; nous nous sommes rappelé avec bonheur ces jolis vers que Charles Reynaud adressait à sa mère, de la ville qui garde le divin sépulcre :

« Je suis bien loin de vous, mère, à Jérusalem,
» A deux pas du Calvaire à quatre de Bethléem.
» Ah! les fils! n'est-ce pas ? quelle race maudite !
» Les avoir tant choyés et les perdre si vite !
» Les ingrats, ils s'en vont sans soucis de nos pleurs,
» Et s'ils paient votre amour, c'est avec des douleurs. »

Nous arrivons donc à cette troisième station du pèlerinage naissant et nous nous trouvons là en bonne compagnie. Tout le monde y prie avec ferveur, tout le monde récite le saint Rosaire, qui est le signe distinctif de la piété chrétienne: *Rosarium... nobilis instar ressera chrislianæ pielatis.*

Après avoir adressé à Madame de P...... nos hommages et nos chaleureux remerciements pour la gracieuse bienveillance avec laquelle elle accueille les pèlerins et les curieux, nous allons présenter au lecteur la jeune voyante.

Elle s'appelle Marie, un nom prédestiné; elle est assez grande est bien prise; ses traits sont réguliers, et son regard est doux et sympathique. Elle a 25

(1) Le fils de Mme de P...... est à Jérusalem, à la tête des Œuvres catholiques.

ou 26 ans; elle est née sur la paroisse Saint-Bruno de la Croix-Rousse, à Lyon. Modeste, simple et timide plus que les jeunes filles de cet âge, elle est visiblement embarrassée, surtout avec les hommes. L'humilité qui est appelée par les Saints, la base et la gardienne de toutes les vertus, paraît être une des qualités dominantes de Marie, qui y joint une mémoire angélique, un vrai don du ciel.

Les réponses aux questions que lui font présenter les pieux visiteurs, à la Bonne Mère, sont toujours empreintes d'un grand bon sens et d'une grande sagesse. Pas de contradiction, pas de non sens ; ses pensées inspirées ou non, laissent au pèlerin un souvenir ineffaçable, par leur humilité, leur netteté et leur profonde sagesse.

On peut bien l'avouer, souvent les plus belles choses se cachent sous de frêles et humbles origines. On dirait ici que la Providence nous force à découvrir dans une simple créature, les événements étonnants que personne ne cherche à étouffer et qui provoquent l'admiration.

La voyante partage au château avec une dame lyonnaise, deux chambres qui ont une vue magnifique sur la campagne. C'est là que nous avons pu causer avec cette jeune fille : c'est là qu'on récite le saint Rosaire.

Marie avait déjà eu des visions à Lyon, où elle demeurait et dans la dernière apparition qu'elle eut dans cette cité, la sainte Vierge lui avait dit : « Je ne vous apparaîtrai plus ici ; allez au Crau-ses de Dièmoz, car c'est là que vous me verrez désormais. »

Voilà pourquoi la jeune extatique est installée sous le toit toujours hospitalier de Madame de P......, dont le nom est déjà mêlé à tant de grandes et bonnes œuvres. Depuis, plusieurs fois la voyante a eu des apparitions, dans lesquelles invariablement la sainte Vierge lui dit de prier pour la conversion des pécheurs et pour les âmes du Purgatoire.

L'image sous laquelle se montre la mère de Dieu est celle du Rosaire. La voyante a eu les stigmates de N.-S. tous les vendredis du carême de 1885, au vu des habitants de Dièmoz, et le jour de la fête du Sacré-Cœur. A plusieurs autres jours, dans le courant de l'année, les cicatrices ont été visibles.

Naturellement nous ne saurions placer ici tout ce nous avons entendu, sans anticiper sur les informations attendues et sans trahir des confidences qui ne se font qu'entre gens vraiment et profondément religieux ; au reste, M. Germanet, curé de Dièmoz , dont le nom désormais est inséparable de celui de Marie, comme celui du curé Peyremale est lié au nom de Bernadette, se trouve placé au milieu de ces événements, comme un excellent conducteur et un témoin sérieux. Ce digne prêtre est un des meilleurs juges des faits entourant l'existence de la voyante : il est son directeur, le dépositaire de ses tourments, de ses pensées, de ses chagrins, de ses joies. Il est pour ainsi dire le commissaire enquêteur de l'Église, le registre vivant où s'inscrivent chaque jour les nouvelles phases de la vie de la voyante, que déjà les bonnes et naïves âmes appellent la sainte de Dièmoz.

Pourtant nous ne voulons pas taire une de ces particularités curieuses, justifiant l'objection faite au début de ces lignes. Le démon, ce n'est pas douteux, s'est mêlé à cette existence étrange et Marie avoue avoir eu de fréquents et terribles combats avec lui. La mystique nomme ordinairement ces tentations de l'ennemi du bien, le siège diabolique.

Des témoins dignes de foi ont vu cette jeune fille parfois se livrant à des mouvements violents qui accusaient une lutte contre l'esprit malin. Ses paroles, en ce moment, prennent un ton extraordinaire et les mots entrecoupés ont de la peine à sortir de sa poitrine. En allant à la messe, il lui est arrivé de se voir barrer le passage par une puissance infernale et d'autrefois le diable voltige autour d'elle.

C'est surtout au château que ces combats avec le démon ont été fréquents ; et nous avons eu des détails, à ce sujet, vraiment étonnants. Marie reste toujours triomphante mais meurtrie. Ce genre de lutte diabolique n'est pas rare dans la vie des saints: S. Antoine ne fut-il pas battu un jour par les noirs esprits ? Et le curé d'Ars ne raconte-t-il pas lui-même les misères que lui faisait le grapin ?

Le diable donc à sa part dans les faits de Dièmoz. Cette part qu'elle est-elle ? Nous nous le demanderons peut être quelques jours encore.

Ce qui marque d'une façon plus exceptionnelle les manifestations de Dièmoz, c'est la communion mystique, reçue par la voyante deux fois à Lyon et plusieurs fois au château de Dièmoz.

L'histoire des saints nous apprend que S. Stanislas fut communié par Ste Barbe, dans l'impossibilité où ce bienheureux était de communier de la main d'un prêtre. Ici, si on en croit les témoins, Marie reçoit la communion en pleine liberté, de la main de la mère de Dieu, en présence non seulement d'intimes confidents, mais encore de témoins venus au pays de tous les rangs de la société. La voyante, avertie longtemps à l'avance de la visite surnaturelle, on avise sa maîtresse dévouée qui ne la quitte pas. Les nombreux témoins sont alors conviés et ils dépassent toujours le chiffre sept, que la loi, sous l'empire du code romain, exigeait pour assurer la vérité du fait le plus important.

Tout à coup au milieu d'un recueillement géné-
ral, la voyante alitée se lève, assise sans le secours
de ses bras, les deux mains jointes, le visage rayon-
nant, les yeux fixés vers l'apparition, et les lèvres
entr'ouvertes comme pour communier. O prodige !
une hostie apparaît au même instant sur la langue de Marie. M. Germanet nous a assuré, qu'à ce
moment toute l'assistance est saisie de la plus vive
admiration. Tel est le fait que racontent des personnes graves et prêtes à affirmer la merveille à
qui veut l'entendre : ils ont vu de leurs yeux, ce
qu'on appelle vu.

Les autorités religieuses, par un excès de prudente sagesse, que nous n'avons pas à apprécier,
ont demandé à la voyante, pour l'éprouver sans
doute, de suspendre momentanément autant que
cela serait à son pouvoir, la communion surnaturelle. La vision prochaine lui dit de se conformer
au désir de l'Église qui doit être un ordre pour elle.

Nous finirons cet opuscule par le récit fidèle de
ce que nous avons vu nous même en compagnie de
Madame la comtesse de F. et de M., le comte de M.,
et de plusieurs autres personnes, un vendredi du
mois de novembre 1885. Arrivé ce jour-là un peu
avant trois heures, nous attendons le retour de
Marie qui est allée aux Crauses avec son inséparable maîtresse et une dame Lyonnaise. Nous prenons part dans le salon du château à une causerie
charmante dont Madame de P...... fait tout les
frais, en nous donnant des détails circonstanciés
du plus haut intérêt pour nous, pendant que quelques bonnes femmes au dehors attendent l'heure
du Rosaire. Marie arrive et monte à sa chambre.
Nous, toujours sous le charme des paroles de Madame de P...., nous laissons à la voyante le
temps de redescendre et nous la rencontrons au

pied du grand escalier du château. Elle s'arrête en nous voyant, sa main gauche pendante, et sa main droite repliée sur sa poitrine. Visiblement troublée, elle attend que nous lui adressions la parole ; comme une enfant, elle ne semble avoir que son innocence et son ingénuité, ou plutôt le calme paisible et la magnanimité de ses vertus.

A peine avons nous échangé quelques mots avec elle que nous voyons le sang couler de la cicatrice de la main gauche de cette personne étonnante que l'émotion gagne aussitôt. Marie remonte précipitamment dans sa chambre où tout le monde la suit. C'est au milieu de cette émotion générale, que Marie récite le saint Rosaire, essuyant de temps à autre sa main ensanglantée.

On dira ce qu'on voudra : que ce pèlerinage naissant soit ou non appelé à un grand succès, ceux, qui sans parti pris, ont le privilège d'être admis au château de Dièmoz — et pour cela il n'y a qu'à s'y présenter — sont édifiés. L'existence de ces dames repose dans le recueillement et la prière et non dans les folles joies du monde. Et quand on voit certaines gens oser, ignobles dans leur témérité, jeter la déconsidération sur des âmes pures et magnanimes, on gémit sur la pauvre humanité. Aussi les murmures, les sarcasmes des incrédules et des impies viennent-ils expirer comme une vague impuissante au pied du parc, en attendant que ces commencements d'un pèlerinage nouveau soient changés en un glorieux triomphe.

Quoiqu'il arrive, il est bon de répéter aux âmes impartiales que Marie restera à nos yeux comme une sainte fille, victime expiatoire, pensons-nous des péchés du monde, mais à coup sûr, exempte de tout soupçon pouvant l'atteindre dans son innocence, sa bonne foi, et sa vertu.

Nous qui écrivons ces lignes, nous ne nous présentons pas pour publier l'existence d'un pèlerinage sur lequel l'Église n'a pas encore prononcé, mais nous sommes loin aussi de cet entrainement qui porte à tout nier ce qui touche au surnaturel, et nous ne sommes pas tellement tombé, ô reine du ciel, que nous ne puissions encore célébrer, avec ces âmes ferventes, que nous venons de quitter, votre grandeur et votre gloire.

(Un homme du monde)

J. M.

Depuis notre visite, la voyante a eu très souvent des souffrances extraordinaires : elle prie beaucoup. Marie a eu plusieurs fois, pendant ses extases, des entretiens avec N.-S. J.-C., avec la bonne Mère et avec plusieurs saints. Ses stigmates ont donné du sang trois ou quatre fois ; mais ce qu'il y a eu de plus remarquable, ce sont deux apparitions de N.-D. du Rosaire, le 1er et le 2 février. Tous les objets présentés ont été bénits ou touchés dans la première. La bonne Mère, bien que moins triste que dans les avant-dernières apparitions, a recommandé encore d'une manière toute particulière la prière et la pénitence, disant qu'on avait bien fait quelque chose déjà, mais pas assez pour la destruction du mal et le triomphe du bien. — Actuellement, Marie souffre plus que jamais ; elle a les bras croisés et il est impossible de les séparer l'un de l'autre. Le surnaturel dans l'affaire de Dièmoz se manifeste donc d'une façon éclatante ; c'est à l'Église de juger et Mgr Fava, évêque de Grenoble, en passant prochainement dans cette paroisse, ne manquera pas, assure-t-on, de pénétrer ces faits de ses vives lumières, de manière à préparer un jugement définitif de l'autorité religieuse.

J. M.

Nimes. — Imp. Lafare frères, pl. de la Couronne.